MIKKO, MIJN STOERE BROER

Eerder is in deze serie verschenen:

Brenda heeft een draakje in haar bloed
Fazil woont nog in het AaZetCee
Tom woont gewoon ergens anders
Kim woont eigenlijk liever thuis

Hijltje Vink
Mikko, mijn stoere broer
© B.V. Uitgeverij De Banier, Utrecht - 2003
Omslagontwerp: Mariëtte Wilgehof
Omslag- en binnenillustraties: Diny van de Lustgraaf
ISBN 90 336 2792 2

MIKKO,
mijn STOERE broer

Hijltje Vink

Illustraties: Diny van de Lustgraaf

De Banier

Hallo, ik ben Lisa.

Ik wil jullie graag het verhaal vertellen van Mikko,
mijn stoere broer.

Als jullie dit verhaal gelezen hebben, hoop ik dat jullie alles
snappen.

En niet meer steeds vragen:

„Waarom zit hij in een rolstoel?"

„Kan hij niet lopen?"

„Is je broertje soms kapot?"

„Waarom kijkt hij zo raar?"

„Enne... kan hij niks zeggen?"

„Is het niet vervelend om zo'n broer te hebben?"

Altijd die vragen, altijd die vragen! Dát is vervelend.

Voor mij, maar ook voor Mikko.

Iedereen denkt wel dat hij het niet begrijpt, maar hij weet heus
wel wat jullie bedoelen.

Hij begrijpt heus wel, dat jullie denken dat het lastig is als je
een broer hebt, zoals hij.

En soms gaat hij dat zelf ook denken.

Dat is het ergste.

want het is helemaal niet lastig,
het is gewoon anders.
Oké, sommige dingen zijn verdrietig
of jammer.
Maar vaak is het leuk of heel gewoon.
Net als overal.
Daarom vertel ik dit verhaal.

Hier wonen wij.

In een gewoon huis, in een gewone straat.

In een gewone stad.

Het laatste huis in een rijtje van vier.

Het lijkt alsof ons huis precies hetzelfde is als de andere huizen.

Alleen als je goed oplet, zie je verschillen.

Kijk maar eens naar de andere huizen.

Zij hebben allemaal een trappetje voor de deur.

En op de straat zie je stoepjes en opstapjes.

Bij ons is dat niet zo.

Bij ons loopt er een weggetje van de deur tot aan de straat,

langzaam naar beneden. Een hellingbaan heet dat.

Dat is speciaal voor Mikko.

Voor Mikko's rolstoel.

Als je stiekem door het raam naar binnen kijkt,
zie je nog veel meer dingen die anders zijn.
Ons huis heeft extra brede deuren en er zijn geen drempels.
En op de plaats waar bij de meeste mensen de tafel staat, staat bij
ons een groot speelbed. Een bedbox.
In leuke, felle kleuren, met een rood hek eromheen.
Een speelbed, zo hoog als de tafel. Het is de plek... van Mikko.
Het is een gezellige plek.
Aan de ene kant zit een grote spiegel, zodat hij heel gemakkelijk
kan zien wat er in de kamer gebeurt.
Aan de andere kant zit een bord met allemaal knopjes.
Eén grote, rode knop.
Als Mikko daar tegenaan slaat, gaat zijn cassetterecorder aan en
hoort hij zijn lievelings   s.
Verder zijn er nog aller'   pjes die geluid geven.
Er hangt een blauw vliegtuig boven het bed.
Het is een leuke plek, dat speelbed.
Speciaal voor Mikko want...

...onze Mikko is meervoudig gehandicapt.

Een moeilijk woord. Maar het betekent dat hij een beetje anders is dan de meeste kinderen.

Dan Tijs en ik, bijvoorbeeld.

Wij zijn gewoon. Net als jullie.

Mikko is bijzonder. Heel bijzonder.

Hij kan niet lopen en bijna niet zitten, want hij is slap.

Zijn spieren doen het niet zo goed.

Leren kan hij ook niet, want hij begrijpt de dingen niet.

En hij kan zelfs bijna niet praten.

Als hij een snoepje wil, zegt hij: „Noep noep?"

Als hij uit zijn rolstoel wil, zet hij zijn benen op de grond, naast de stoel.

En als hij wil slapen, doet hij zijn handen voor zijn ogen.

En zo... praat hij in zijn eigen taal.

Die Mikko, mijn stoere broer van zeven.

Tijs, mijn andere broer is negen en ik ben tien.
Verder zijn er nog mijn vader en moeder en Torr, de hond.
Het is de hond van Tijs, maar hij is ook een beetje van Mikko.
En wij wonen allemaal in dit huis.

Wij wonen hier nog niet zo lang.
Eerst woonden wij in een flat.
Helemaal bovenin, op de negende verdieping.
Tijs en ik vonden het er leuk, vooral het spelen met de lift.
Maar het werd steeds lastiger om met Mikko in de rolstoel
naar boven te gaan.
En hij moest een speelbed in de kamer hebben.
Daar was echt geen ruimte voor.
Dus... moesten wij verhuizen.
Naar een groter huis, in een ander dorp.
En moesten wij naar een andere school.
Allemaal speciaal voor Mikko.

Toen Tijs het hoorde, schrok hij zich een hoedje.
„Dat kan niet, hoor mam", zei hij.
„Dat doe ik niet, hoor.
We blijven hier, hoor.
Ik wil niet van school af.
Het is toch niet echt waar, hè?"

Toen mamma zei, dat het wel echt waar was, werd hij
heel erg boos.
Hij holde naar zijn kamer en schreeuwde:
„Stomme, stomme Mikko...
Ik wil niet voor jou verhuizen.
Ik wil niet voor jou van school af.
Ik wil niet, ik wil niet, ik wil niet..."
En toen ging hij op zijn bed liggen en
begon heel hard te huilen.

Eerst lieten pappa en mamma hem even huilen.
Toen ging pappa naar Tijs toe om met hem te praten.
„Natuurlijk is het moeilijk om bij je vriendjes weg te gaan.
Natuurlijk is het moeilijk om op een nieuwe school te beginnen.
Maar soms moet het gewoon,
omdat het beter is voor iemand anders.
En nu dus beter voor Mikko."

Tijs begreep het wel maar toch...
Hij was boos op Mikko, en eigenlijk ook weer niet.
Hij vond het heel vervelend dat hij „stomme Mikko"
had gezegd.
Want hij was niet echt boos op zijn broer.
„Dat klopt", zei pappa.
„Je bent niet boos op Mikko.
Je bent gewoon verdrietig en boos,
omdat je moet verhuizen.
En het is jammer dat het voor Mikko moet,
maar..."

17

„...misschien is het toch ook wel leuk", zei pappa.

„Want weet je nog wat je krijgt, Tijs, als wij niet meer op een flat wonen?"

Nou, dat wist Tijs gelijk.

„Een hond, een hond", riep hij.

„Dan krijg ik een hond, pap, dat hebt u beloofd."

„Precies", zei pappa. „En daarom gebeurt het ook."

Die avond, toen Tijs op bed lag, wist hij niet zo goed of hij nu verdrietig was of blij.

Als hij aan zijn vriendjes dacht, kwamen die nare tranen weer.

Als hij aan de hond dacht, leek het toch weer een beetje leuk.

Toen hij in slaap gevallen was, droomde hij dat hij heel alleen in het nieuwe huis woonde.

Alleen, met zijn eigen hond.

De dag dat wij verhuisden, mocht Tijs een hondje uitzoeken bij
boer Piet. Pappa, Mikko en ik gingen mee.

Wel lastig om te kiezen. Welke zou Tijs nemen?
Dat grappige, bruine hondje, de bruinwitte of die hele zwarte?
Maar... wat gebeurde er? Voordat Tijs kon kiezen, kroop de
kleine, pikzwarte hond bij Mikko in zijn stoel.
Alsof hij zeggen wilde:„Ik wil wel bij jullie wonen".
Nou, toen was het probleem opgelost.
„We nemen die zwarte", zei Tijs.
„Een hond zo zwart als een tor."
„Torr", zei Mikko. „Torr... Torr."
„Ja, Torr", zei Tijs. „We noemen hem Torr, Mikko."
En zo kwam Torr bij ons in huis.
„Een hond die wij niet uitgekozen hebben, maar die ons
uitgekozen heeft", zei vader.
En...

...zo is het ook.

Torr stoeit met Tijs en als hij moe is, kruipt hij bij Mikko in het speelbed. Ik denk dat hij dan tegen Mikko zeggen wil: „Ik ben ook jouw vriendje, hoor."

En dan lijkt het net alsof hij knipoogt.

Iedere woensdagmiddag gaan Tijs, Torr en Mikko bij het voetballen kijken.

Soms is het zo druk dat ze bijna niets kunnen zien, omdat er veel mensen voor staan.

Dan maakt Tijs van zijn handen een toeter en roept:

„Mensen, mag ik er alstublieft even door, want mijn gehandicapte broertje wil zo graag iets zien."

Dat mag dan bijna altijd. Tja... en dan?

Dan staat Tijs natuurlijk ook gelijk vooraan.

Vind je dat niet slim van hem?

Tijs en ik spelen soms ook samen met de rolstoel van Mikko.
Als wij naar een pretpark gaan of naar een dierentuin,
moet Mikko tussen de middag even rusten.
Dan ligt hij op een deken in het gras.
Als pappa en mamma het dan niet zien,
pakken wij stiekem de rolstoel.
Dan gaan we mensen voor de gek houden.

Tijs gaat erin zitten en ik duw.
En dan doet Tijs soms zo gek.
Hij vraagt gerust of iemand anders hem even
wil duwen, omdat ik zo moe ben.
Als mensen dat dan gedaan hebben...
stapt hij even later uit de stoel en zegt:
„Bedankt mevrouw. Het was aangenaam."
En dan moeten we allebei vreselijk lachen.

Pappa en mamma mogen het niet merken,
want dan worden zij boos. Maar het is zo leuk om te doen.
En als wij het aan Mikko vertellen, lacht hij ook.

KAMER-OLIFANTJES

NAAR DE →
SNOTAPEN

25

Soms lijkt het alsof het onweert in Mikko's hoofd,
want hij heeft ook epilepsie.
Wat dat is? Ik ga het uitleggen.

Iedereen heeft hersenen in zijn hoofd.
Die geven allemaal kleine beetjes stroom (elektriciteit) af.
Daardoor kun je bewegen en lachen en praten.
Bij Mikko komt er soms heel veel stroom tegelijk door zijn
hersenen heen.
Dan gebeuren er gekke dingen.
Hij valt met zijn hoofd voorover in de rolstoel,
en soms zelfs op de grond.
Hij gaat met zijn armen en benen bewegen,
met zijn hoofd heen en weer schudden,
op zijn tong bijten,
en vaak moet hij zelfs overgeven.

Het is niet leuk!
Voor Mikko niet, maar ook niet voor ons.

Wij schrikken altijd heel erg.

We mogen dan niets doen en moeten gewoon wachten,
wachten tot het onweer in Mikko's hoofd weer over is.

Als het voorbij is, doet Mikko verbaasd zijn ogen open.

Alsof hij zeggen wil: „Wat is er toch allemaal gebeurd?"

Onweer in zijn hoofd hoort bij de handicap van Mikko.

Hij krijgt er medicijnen voor.

Rode, zoete drankjes.

Niet lekker.

Maar het moet.

De drankjes zorgen ervoor dat het onweer zoveel
mogelijk wegblijft.

29

SPREEKUUR
DOKTER JURRIAAN
VAN
9 – 12.30 UUR

30

Mikko gaat vaak naar dokter Jurriaan.
Dokter Jurriaan is de kinderarts van het ziekenhuis.
Hij kent Mikko al heel lang.
Dus hij weet alles van hem. En ook een beetje van ons.
Dat wij moesten verhuizen, enzo.
En dat Tijs dat niet leuk vond.

Dokter Jurriaan let erop, dat het goed gaat met Mikko.
Hij kijkt of Mikko nog genoeg medicijnen krijgt
en of zijn rug niet te scheef groeit.
En soms, heel soms moet Mikko van hem een prik.
Dat is niet zo leuk.

Toch vindt Mikko dokter Jurriaan erg aardig.
Hij kent hem goed, omdat dokter Jurriaan ook de dokter is van...

...het KaaDeeCee.

Zo heet de school van Mikko. Het Kinder Dag Centrum.

Hij gaat er graag naartoe. De kinderen die op die school zitten,
zijn allemaal net zo bijzonder als Mikko.

Ze horen dus een beetje bij elkaar.

Hanneke en Nienke zijn de juffen van de klas van Mikko.
Zij kunnen alles. Ze zijn én een beetje juf én een beetje
verpleegster. Daarom kunnen zij zo goed met Mikko omgaan
en weten zij wat hij nodig heeft.

Maar... het belangrijkste waar zij voor zorgen is:
dat het gezellig is in de klas en dat alle kinderen zich
gelukkig voelen.

Daarom is het KaaDeeCee zo'n fijne school voor Mikko.

Als Mikko 's morgens op school komt, vertelt de juf wat er
allemaal gaat gebeuren die dag.

En aan de kinderen die het niet goed begrijpen,
laat zij pictogrammen zien.

Dat zijn kleine plaatjes die op een bord staan.

Die plaatjes vertellen wat ze die dag gaan doen.

13.00 FIONA
14.00 MIKKO
10.00 MARCO
11.30 SIMONE
13.30 ASHLEY
14.45 FIONA
13.30 MARCO
14.30 MIKKO
9.30 SIMONE
11.30 ASHLEY

DONDERDAG

TWEE
DRINK

Mikko krijgt geen rekenen en taal, dat snap je wel.
Er worden liedjes gedraaid en verhaaltjes verteld.
Verder leert hij om zelf te eten en zelf te drinken.
Ook oefent hij veel, want dat is goed voor zijn spieren.
Net als zwemmen in het eigen zwembad van de school.
„Zwemmen is fijn", vindt Mikko.
Maar het allerfijnste vindt hij snoezelen in de snoezelruimte.
Dan mag hij lekker languit op een waterbed liggen.
Hij hoort zachte muziek en er zijn gekleurde lichtjes die
langzaam heen en weer bewegen.
Het maakt hem blij en gelukkig. En niets, niets doet meer pijn.
Dan lijkt het wel alsof hij helemaal gezond is. Net als wij.

Als Mikko dan thuiskomt, kijkt hij ons met hele grote ogen aan.
Alsof hij vertellen wil wat hij voelt en hoe fijn het was.
Maar... hij kan het niet vertellen, want zijn mond doet het niet goed.
En zijn hoofd weet de woorden niet.
En er is geen dokter Jurriaan die dat bij Mikko maken kan.

Tijs is een echte smeerpoets.

Zijn kleren zitten altijd onder de modder.

Zeker nu hij vaak met Torr op stap gaat.

Soms moppert pappa erg als hij thuiskomt.

„Hé viespeuk, wat zie jij er uit.

Je broek is nat en ook nog kapot.

Wat ben je toch een slodderpeuk."

Dat zegt pappa altijd als hij "viespeuk en sloddervos" tegelijk

wil zeggen.

Maar mamma zegt dan:

„Ach, laat toch... wees blij dat hij zijn kleren zo vies kan maken.

Ik wou dat Mikko dat ook kon."

„Meent u dat, mamma?" vroeg Tijs op een keer.

„Natuurlijk jongen", zei ze.

„Wat zou het fijn zijn als dat nog eens gebeurde."

Toen bedacht Tijs een slim plan.
De volgende woensdag ging hij samen met Mikko en Torr op
stap. „Kom op, Mikko", fluisterde hij.
„Ik heb een geheimpje. We gaan mamma blij maken."

Ze gingen niet bij het voetballen kijken, maar naar de rand van
het bos. Daar was een klein slootje.
Tijs schepte met een beker wat water uit het slootje en goot dat
over Mikko's broek heen. En nog eens en nog eens.
Mikko vond het niet zo leuk.
„Zo, nu nog wat modder op je kleren smeren,
dan lijkt jouw broek precies op mijn vieze broeken", zei Tijs.

Toen hij dat gedaan had, bedacht Tijs dat er ook nog iets kapot
moest. Eerst trok Tijs Mikko's T-shirt kapot. Dat ging makkelijk.
„Zo nu scheuren we ook nog de zak van je broek eraf", zei Tijs
en hij trok zo hard dat hij Mikko bijna uit de stoel trok.
„Gelukt", zei Tijs even later en hield de zak in zijn hand.
„Kom Mikko, we gaan weer naar huis.
Wat zal mamma blij zijn!"

Maar... toen mamma de deur opendeed en Mikko en Tijs zag,
schrok ze zich een hoedje.
„Wat is er gebeurd, wat is er gebeurd?
Waar zijn jullie geweest?" riep ze.

„Heimpje, heimpje", zei Mikko.
„Geheimpje?" zei mamma. „Toe Tijs, vertel!
Wat is er gebeurd?"

Tijs zag wel dat mamma erg geschrokken was.
Hij begon te vertellen dat hij haar zo graag blij wilde maken.
En dat ze wel blij zou zijn als zij zag dat Mikko ook vieze kleren
had. Dat wilde ze toch zo graag?
Nou... en nou vindt ze er opeens niets aan.

„Domme Tijs", zei mamma. „Domme Mikko.
Kom, jullie gaan allebei in bad."
En ze lachte wel, maar het leek alsof ze huilde.

Een uurtje later lagen beide jongens schoongewassen in de bedbox van Mikko.

„Kom Mikkie Slapperrikkie," zei Tijs „zullen we nog even stoeien?"

Maar Mikko was te moe.

Hij sloeg met zijn hand tegen de rode knop en er begon muziek te spelen.

„Goed," zei Tijs, „we gaan een muziekje luisteren."

„Zullen we de koptelefoon opdoen, allebei één dopje in ons oor?"

Toen zijn mijn twee broers zomaar in slaap gevallen.

En ik denk dat zij droomden van een wereld,

waarin niemand meer ziek is, of gehandicapt.

Een wereld waarin alle kinderen aan het spelen zijn en zich lekker vies maken.

En... waarin niemand meer verdrietig is.

Dat vooral niet.[9]

Inleefspel

Tijs en ik moeten soms deze oefeningen doen van pappa.
Om te leren hoe het is om gehandicapt te zijn.
Het is best leuk om het te doen. Doe maar mee.
Enne... misschien willen je vader en moeder ook wel een keertje meedoen.

oefening 1

Ga op je rug liggen. Plat op de grond.
Je benen en armen een beetje uit elkaar.
Speel nu dat je niet meer kunt bewegen.
Dat betekent dat je moet blijven liggen zoals je ligt.
Wat voel je nu? Zijn je armen en benen erg zwaar?
Hoe lang kun je blijven liggen voordat je het niet meer leuk vindt?
Gaat het pijn doen om steeds in dezelfde houding te liggen?
Als je neus kriebelt, hoe moet je krabben?
Je wilt even een snoepje pakken. Hoe moet je dat doen?

oefening 2

Blijf op de grond liggen en kijk naar het plafond.
Hoe zou je het plafond leuker kunnen maken?
Schijnt er een lamp in je ogen?
Kun je als je op je rug ligt ook nog tv kijken?
Of een boek lezen? Of iets drinken?
Probeer het maar eens, dan merk je pas hoe moeilijk dat is.

oefening 3*

Bij Mikko op school gebruiken ze plaatjes (pictogrammen) om iets te vertellen.

Wat staat hier?

Probeer nu zelf iets met pictogrammen te vertellen.

oefening 4*

Lees het slot van bladzijde 40 nog een keer.

Begrijp je waarom mamma huilt en lacht?

* Praat erover met je ouders of met de meester of juffrouw van school.

Antwoord:

Vandaag ga ik naar het Kaadeecee. Eerst gaan we bij de tafel spelen met lego. Daarna drinken we limonade, gaan we naar het toilet en mogen we buitenspelen. Na het middageten gaan we naar de kinderboerderij. Als we teruggekomen houden wij onze jas aan, pakken wij onze spullen en gaan we met het busje weer naar huis.

Maar hoe zit het dan?

Vraag 1. Wat is een handicap?

Antwoord: Handicap betekent belemmering. Dus als jij op de een of andere manier (een beetje) gehandicapt bent, kun je iets niet zo goed als anderen dat kunnen. Soms kun je het zelfs helemaal niet.

Vraag 2. Hoeveel verschillende soorten handicaps heb je?

Antwoord: Heel veel. Ik ga ze verdelen in drie groepen.

1. Kinderen die alleen verstandelijk gehandicapt zijn.
2. Kinderen die alleen lichamelijk gehandicapt zijn.
3. Kinderen die verstandelijk en lichamelijk gehandicapt zijn. Deze kinderen zijn meervoudig gehandicapt.

Vraag 3. Wat hebben kinderen die verstandelijk gehandicapt zijn precies?

Antwoord: Als kinderen verstandelijk gehandicapt zijn, betekent dat, dat zij niet goed kunnen leren en niet goed kunnen nadenken. Dus dat er een beschadiging in hun hoofd (hersenen) zit. Kinderen met het syndroom van Down horen bij deze groep. Kinderen die alleen verstandelijk gehandicapt zijn kunnen dus wel lopen en goed bewegen.

Vraag 4. Kinderen die lichamelijk gehandicapt zijn, wat hebben die dan?

Antwoord: Het kan van alles zijn. De ziekte of handicap zit in hun lichaam. Dat betekent dat ze wel goed kunnen leren, begrijpen en denken, maar dat zij bijvoorbeeld niet goed kunnen lopen, omdat hun spieren het niet doen. De beschadiging zit dus in hun lichaam en niet in hun verstand. Wij denken bij gehandicapten meestal aan mensen die in een rolstoel zitten, maar mensen die blind of doof zijn, zijn ook gehandicapt. En horen dus eigenlijk ook bij deze groep.

Vraag 5. Kinderen die meervoudig gehandicapt zijn? Wat mankeren die?

Antwoord: Kinderen die verstandelijk én lichamelijk gehandicapt zijn, noem je: meervoudig gehandicapt.

Dat betekent dat de ziekte of handicap in je verstand én in je lichaam zit. Dus... dat je dingen niet goed begrijpt, maar dat je ook niet kunt lopen. Het woordje 'meervoudig' staat erbij omdat deze kinderen vaak meerdere handicaps tegelijk hebben. Zij kunnen niet goed lopen, niet goed denken en vaak kunnen zij ook niet goed zien of horen. Of het onweert in hun hoofd, net als bij Mikko. Dus meerdere handicaps in één kind.

Vraag 6. Is de school waar Mikko op zit een echte school?

Antwoord: Nee, het is geen echte school waar je rekenen en taal leert. Mikko leert er zijn spieren goed te gebruiken, zodat zijn lichaam niet scheefgroeit (fysiotherapie). Hij krijgt spraakles (logopedie). Iemand leert hem hoe hij zelf kan eten en zichzelf kan aankleden (ergotherapie). Hij leert spelen, zindelijk worden en beter met andere kinderen omgaan. Verder is er in het KaaDeeCee een zwembad met lekker warm water waar hij bewegingstherapie krijgt. In water zijn je armen en benen lichter, dus gaat bewegen gemakkelijk. Ook is er op ieder KaaDeeCee een snoezelruimte. Je kunt daar leuk liggen op een waterbed, je hoort zachte muziek en er zijn gekleurde lichtjes die langzaam heen en weer gaan. Dat zorgt ervoor dat Mikko ontspant en lekker tot rust komt.

47

Vraag 7. Wordt er in ons land goed rekening gehouden met gehandicapten?
Antwoord: Er zijn voor gehandicapten hele goede voorzieningen, zoals rolstoelen, speciale fietsen, looprekken. Dat is fijn. Toch lukt het soms niet om met een rolstoel ergens te komen, omdat er allemaal stoepen en trapjes zijn. Ook zijn er in weinig gebouwen wc's waar je met een rolstoel in kunt. Enne... als je een museum gaat bezoeken met iemand die in een rolstoel zit, kom je er gauw achter dat alle schilderijen wel erg hoog hangen. Zo zijn er veel dingen die je pas merkt als je ermee te maken krijgt.

Vraag 8. Is het vervelend voor je als je broer of zus gehandicapt is?
Antwoord: Het is anders en soms is het moeilijk. Als je ouders veel tijd aan je gehandicapte broer of zus moeten geven, hebben ze wel eens minder tijd voor jou. Niet omdat zij dat zo graag willen, maar omdat het niet anders kan.
En als je erover nadenkt dat jouw broer nooit zal kunnen lopen of praten en altijd hulp nodig zal hebben, word je soms boos of verdrietig. Vooral als je ziet dat andere kinderen wel met hun broer voetballen en je weet dat je dat met Mikko nooit zal kunnen doen.
Het gebeurt ook vaak dat mensen vervelende dingen zeggen of steeds weer domme vragen stellen. Dat komt doordat veel mensen te weinig weten over 'gehandicapt zijn'. Daarom heb ik dit verhaal verteld. Ik hoop dat jullie er veel van leren.

Nog één ding: Mensen denken vaak dat iedereen die in een rolstoel zit en moeilijk kan praten ook verstandelijk gehandicapt is, terwijl dat absoluut niet zo hoeft te zijn. Dat is heel erg voor hen. Let er dus op dat je ook praat tegen iemand die in de rolstoel zit, en niet alleen tegen degene die de rolstoel duwt.